中华人民共和国行业推荐性标准

公路桥梁承载能力检测评定规程

Specification for Inspection and Evaluation of
Load-bearing Capacity of Highway Bridges

JTG/T J21—2011

主编单位：交通运输部公路科学研究院
批准部门：中华人民共和国交通运输部
实施日期：2011 年 11 月 01 日

人民交通出版社

图书在版编目(CIP)数据

公路桥梁承载能力检测评定规程：JTG/T J21—2011 / 交通运输部公路科学研究院主编. -- 北京：人民交通出版社，2011.10

ISBN 978-7-114-09480-4

Ⅰ. ①公… Ⅱ. ①交… Ⅲ. ①公路桥－承载力－检测－规程－中国②公路桥－承载力－评定－规程－中国 Ⅳ. ①U448.141-65

中国版本图书馆CIP数据核字(2011)第215581号

中华人民共和国行业推荐性标准
公路桥梁承载能力检测评定规程
JTG/T J21—2011
交通运输部公路科学研究院　主编
人民交通出版社出版发行
(100011　北京市朝阳区安定门外外馆斜街3号)
各地新华书店经销
北京市密东印刷有限公司印刷
开本：880×1230　1/16　印张：3.25　字数：60千
2011年10月　第1版
2025年4月　第9次印刷
定价：20.00元
ISBN 978-7-114-09480-4

中华人民共和国交通运输部

公　告

2011 年第 72 号

关于公布公路桥梁承载能力检测评定规程（JTG/T J21—2011）的公告

现公布《公路桥梁承载能力检测评定规程》（JTG/T J21—2011），作为公路工程行业推荐性标准，自 2011 年 11 月 1 日起施行，原《公路旧桥承载能力鉴定方法（试行）》〔(88)公路技字 11 号〕同时废止。

该规程的管理权和解释权归交通运输部，日常解释和管理工作由主编单位交通运输部公路科学研究院负责。

请各有关单位在实践中注意总结经验，及时将发现的问题和修改建议函告交通运输部公路科学研究院（地址：北京市海淀区西土城路 8 号，邮政编码：100088），以便修订时参考。

特此公告。

中华人民共和国交通运输部
二〇一一年十月八日

主题词：公路　桥梁　规程　公告

交通运输部办公厅　　　　　　　　　　　　　　　　2011 年 10 月 13 日印发

前　言

为规范公路桥梁承载能力检测评定工作,根据原交通部交公路发〔1999〕82号文《关于下达1998年度公路建设标准、规范、定额等编制、修订工作计划的通知》的要求,由交通运输部公路科学研究院主持修订1988年部颁《公路旧桥承载能力鉴定方法(试行)》,编制《公路桥梁承载能力检测评定规程》。

1988年发布的《公路旧桥承载能力鉴定方法(试行)》,旧桥检算系数主要依据专家经验确定,存在检算系数评定标准难以把握和检测结果无法定量化应用等问题。本次修编工作重点解决了检测结果的定量化应用问题,根据桥梁检查与检测结果,采用引入分项检算系数修正极限状态设计表达式的方法进行承载能力评定,提高了桥梁承载能力评定的客观性和可操作性。本规程曾于2004年上报报批稿,后因我国公路桥梁设计规范进行了全面修编,2005年开始,编写组组织有关试验检测单位依据修订后的设计规范进行了大量实桥应用验证,并在2004年报批稿的基础上重新进行了修订。

请各单位在使用过程中注意总结经验,将发现的问题和意见函告主编单位交通运输部公路科学研究院(地址:北京市海淀区西土城路8号,邮编:100088,联系电话:010-62079032,电子邮箱:RIOH_BTR@163.com),以便下次修订时研用。

主 编 单 位: 交通运输部公路科学研究院

参 编 单 位: 长安大学

　　　　　　　江西省交通运输厅

　　　　　　　东南大学

　　　　　　　北京公科固桥技术有限公司

　　　　　　　江西中煤建设集团有限公司

主要起草人: 张劲泉　李万恒　程寿山　徐　岳　胡钊芳　任红伟

　　　　　　　何玉珊　叶见曙　宿　健　湛润水　郑晓华　傅宇方

　　　　　　　李　健　李　湛　李宏江

目 录

1 总则 … 1
2 术语和符号 … 2
  2.1 术语 … 2
  2.2 符号 … 3
3 基本规定 … 5
  3.1 一般规定 … 5
  3.2 检测评定程序 … 6
4 桥梁缺损状况检查评定 … 8
  4.1 桥梁缺损状况检查 … 8
  4.2 桥梁缺损状况评定 … 8
5 桥梁材质状况与状态参数检测评定 … 9
  5.1 桥梁几何形态参数检测评定 … 9
  5.2 桥梁恒载变异状况调查评估 … 9
  5.3 桥梁材质强度检测评定 … 10
  5.4 混凝土桥梁钢筋锈蚀电位检测评定 … 12
  5.5 混凝土桥梁氯离子含量检测评定 … 12
  5.6 混凝土桥梁电阻率检测评定 … 13
  5.7 混凝土桥梁碳化状况检测评定 … 14
  5.8 混凝土桥梁钢筋保护层厚度检测评定 … 14
  5.9 桥梁结构自振频率检测评定 … 15
  5.10 拉吊索索力检测评定 … 16
  5.11 桥梁基础与地基检测评定 … 17
6 桥梁结构检算要点 … 18
  6.1 一般规定 … 18
  6.2 检算荷载修正 … 18
  6.3 钢结构检算要点 … 19
  6.4 混凝土梁桥检算要点 … 20
  6.5 拱桥检算要点 … 21
  6.6 墩台与基础检算要点 … 21
7 桥梁承载能力评定 … 22
  7.1 一般规定 … 22

7.2	圬工桥梁承载能力评定	23
7.3	配筋混凝土桥梁承载能力评定	24
7.4	钢结构承载能力评定	26
7.5	拉吊索承载能力评定	26
7.6	桥梁地基评定	27
7.7	分项检算系数确定	27

8 荷载试验评定 ………………………………………………………………… 33
   8.1 一般规定 …………………………………………………………………… 33
   8.2 结构校验系数及相对残余变形计算 ……………………………………… 35
   8.3 试验结果评定 ……………………………………………………………… 36

9 检测评定报告编制 …………………………………………………………… 38

本规程用词说明 …………………………………………………………………… 40

1 总则

1.0.1 为规范在用公路桥梁检测评定工作,指导公路桥梁承载能力评定,制定本规程。

条文说明

《公路桥涵养护规范》(JTG H11—2004)和《公路桥梁养护管理工作制度》要求对在用公路桥梁进行承载能力评定。以往在用公路桥梁承载能力评定主要依据1988年原交通部部颁《公路旧桥承载能力鉴定方法(试行)》,该方法采用的旧桥检算系数主要依据专家经验确定,未能有效应用桥梁检测结果。为加强检测结果的定量化应用,客观评定桥梁承载能力,规范承载能力检测评定工作,本规程对1988年试行的方法进行了全面修订。

1.0.2 本规程适用于除钢—混凝土组(混)合结构桥梁外的在用公路桥梁的承载能力检测评定。

1.0.3 本规程以基于概率理论的极限状态设计方法为基础,采用引入分项检算系数修正极限状态设计表达式的方法,对在用桥梁承载能力进行检测评定。

条文说明

本规程通过对桥梁缺损状况检查、材质状况与状态参数检测和结构检算,必要时再进行荷载试验的方式评定桥梁承载能力。结构检算主要依据现行规范,根据桥梁检查与检测结果,采用引入分项检算系数修正极限状态设计表达式的方法进行。

1.0.4 在用桥梁应按承载能力极限状态和正常使用极限状态两类极限状态进行承载能力检测评定。

1.0.5 在用桥梁承载能力检测评定,除应符合本规程规定外,尚应符合国家及行业有关标准的规定。

2 术语和符号

2.1 术语

2.1.1 桥梁承载能力检测评定　inspection and evaluation of bridge load-bearing capacity

依据检测结果通过检算方式评定桥梁承载能力。

2.1.2 桥梁调查　bridge survey

对桥梁基本技术资料的搜集与掌握,包括设计、施工、监理、监测、试验、养护、维修加固、水文与地质状况及其他历史资料。

2.1.3 桥梁检查　bridge inspection

对桥梁结构及其附属设施进行的现场查看与记录描述。

2.1.4 桥梁荷载试验　load testing of bridge

通过施加荷载方式对桥梁结构或构件的静动力特性进行的试验测试。

2.1.5 钢筋锈蚀电位　corrosion potential

钢筋/混凝土自然状态下半电池电极与测试参考电极之间的电位差。

2.1.6 混凝土碳化　concrete carbonization

混凝土中的碱性物质与 CO_2 等气体发生的中性化反应。

2.1.7 桥梁承载能力检算系数　comprehensive modification coefficient of bridge load-bearing capacity

对桥梁结构或构件理论计算抗力效应的综合修正系数。

2.1.8 承载能力恶化系数　deterioration coefficient of load-bearing capacity

评定期内桥梁结构质量状况衰退恶化对结构抗力效应产生不利影响的修正系数。

2.1.9 截面折减系数　section-reduction coefficient

结构或构件有效面积损失对其抗力效应产生不利影响的修正系数。

2.1.10 活载影响修正系数　modified coefficient of live load

反映桥梁实际所承受的汽车荷载与标准汽车荷载之间的差异对结构荷载效应所产生影响的修正系数。

2.1.11 典型代表交通量　typical traffic flux

通过实桥现场调查换算为标准车的交通量。

2.1.12 大吨位车辆混入率　heavy vehicle proportion

实际调查质量超过30t的车辆交通量与实际交通量的比值。

2.1.13 荷载试验效率　response ratio of test load to design load

试验荷载所产生的效应与相应的设计控制荷载效应的比值。

2.1.14 结构校验系数　verification coefficient

试验荷载作用下实测应变或变形值与计算值的比值。

2.2 符号

K_{bt}——混凝土桥梁结构或构件推定强度匀质系数；
K_{bm}——混凝土桥梁结构或构件平均强度匀质系数；
R_{it}——混凝土实测强度推定值；
R——混凝土设计强度等级；
$\overline{D}_n$——检测构件或部位的钢筋保护层厚度平均值；
D_{ne}——检测构件或部位的钢筋保护层厚度特征值；
Z_1——通过检测评定方式确定的承载能力检算系数；
Z_2——通过荷载试验方式确定的承载能力检算系数；
ξ_e——承载能力恶化系数；
ξ_c——配筋混凝土结构的截面折减系数；
ξ_s——钢筋的截面折减系数；
γ_0——结构的重要性系数；
S——荷载效应函数；
$R(\cdot)$——抗力效应函数；
f_d——材料强度设计值；
a_d——结构的几何尺寸；
a_{dc}——构件混凝土几何参数值；

a_{ds}——构件钢筋几何参数值;

σ_d——计入活载影响修正系数的截面应力计算值;

σ_L——应力限值;

f_{d1}——计入活载影响修正系数的荷载变形计算值;

f_L——变形限值;

δ_d——计入活载影响修正系数的短期荷载变形计算值;

δ_L——变位限值;

$[f]$——容许变形值;

T_j——计入活载影响修正系数的索的计算轴力;

A——索的计算面积;

$[\sigma]$——容许应力限值;

D——承载能力检算系数评定标度;

E——恶化状况评定标度;

ξ_{q1}——典型代表交通量影响修正系数;

ξ_{q2}——大吨位车辆混入影响修正系数;

ξ_{q3}——轴荷分布影响修正系数;

η_q——静力试验荷载效率;

S_s——静力试验荷载作用下,某一加载试验项目对应的加载控制截面内力、应力或变位的最大计算效应值;

S'——检算荷载产生的同一加载控制截面内力、应力或变位的最不利效应计算值;

μ——按规范取用的冲击系数值;

ζ——静力荷载试验结构校验系数;

S_e——试验荷载作用下主要测点的实测弹性变位或应变值;

S_s——试验荷载作用下主要测点的理论计算变位或应变值;

S'_P——相对残余变位或相对残余应变;

S_P——主要测点的实测残余变位或残余应变;

S_t——试验荷载作用下主要测点的实测总变位或总应变。

3 基本规定

3.1 一般规定

3.1.1 在用桥梁有下列情况之一时,应进行承载能力检测评定:
1 技术状况等级为四、五类的桥梁;
2 拟提高荷载等级的桥梁;
3 需通过特殊重型车辆荷载的桥梁;
4 遭受重大自然灾害或意外事件的桥梁。

条文说明

根据《公路桥涵养护规范》(JTG H11)的规定,对于技术状况为四、五类的桥梁,拟通过加固手段提高荷载等级的桥梁,以及遭受自然灾害、突发事件或有超重车辆通行等造成桥梁损害时,应进行特殊检查。特殊检查包含了桥梁结构承载能力评定。

3.1.2 在用桥梁承载能力检测评定应包含以下工作内容,必要时还应进行荷载试验评定:
1 桥梁缺损状况检查评定;
2 桥梁材质状况与状态参数检测评定;
3 桥梁承载能力检算评定。

3.1.3 对于多跨或多孔桥梁,应根据桥梁技术状况检查评定情况,选择具有代表性的或最不利的桥跨进行承载能力检测评定。

条文说明

对于多跨或多孔桥梁,在选择承载能力检测评定对象时,在结构形式上应体现具有代表性原则,在结构技术状况和结构受力上应体现最不利原则。

3.1.4 按本规程进行检测评定时,有关作用(或荷载)及其组合在无特殊要求时宜采用设计荷载标准。

条文说明

经过加固的桥梁,在承载能力检测评定时,有关作用(或荷载)及其组合宜选用加固时所采用的标准。

3.1.5 桥梁承载能力检算评定所需技术参数,宜依据竣工资料或设计文件按相关标准规范取用。对缺失技术资料的桥梁,可根据桥梁检测资料,结合参考同年代类似桥梁设计文件或标准定型图取用。

3.2 检测评定程序

3.2.1 检测评定前,应通过实地调查和桥梁检查,掌握桥梁技术状况、病害成因、使用荷载和养护维修等情况,搜集相关技术资料,确定检算技术参数。

条文说明

检测评定前要搜集有关桥梁勘察设计、施工、监理和运营、养护、试验检测以及维修加固等方面的技术资料。调查了解桥梁病害史、使用中的特殊事件、限重限速原因、交通状况、今后改扩建计划、水文、气候、环境等方面情况,有针对性地确定检测内容和工作重点。调查的资料主要包括:

(1)勘察设计资料,主要包括:桥位地质钻探资料及水文勘测资料、设计计算书及有关图纸、变更设计计算书及有关图纸等;

(2)施工、监理、监控与竣工技术资料,主要包括:材料试验资料、施工记录、监理资料、施工监控资料、地基与基础试验资料、竣工图纸及其说明、交工验收资料、交工验收荷载试验报告、竣工验收有关资料等;

(3)养护、试验检测及维修与加固资料,主要包括:桥梁检查与检测、荷载试验资料,历次桥梁维修、加固资料,历次特别事件记载资料等;

(4)调查收集桥梁运营荷载的资料,包括交通量、交通组成、车重、轴重等情况。

3.2.2 对选定的桥跨进行桥梁缺损状况检查评估、材质状况与状态参数检测评定和实际运营荷载状况调查,确定分项检算系数。

条文说明

根据检查检测情况确定各评价指标的评定标度,通过对桥梁综合技术状况、耐久性恶化状况、结构的截面缺损状况和运营荷载状况的评价,确定结构检算系数、耐久性恶化系数、截面折减系数和活载影响修正系数。

3.2.3 按照相关标准和本规程的有关规定,计算桥梁结构或构件抗力效应和作用效应,采用引入分项检算系数修正承载能力极限状态和正常使用极限状态计算表达式的方法进行检算评定。

3.2.4 作用效应与抗力效应的比值在 1.0～1.2 之间时,应根据本规程的有关规定通过荷载试验评定承载能力。

条文说明

　　本规程采用的分项检算系数主要是根据在用桥梁的检算和荷载试验鉴定的实践经验确定的,按规范检算时材质参数取值留有一定的安全储备。在保证桥梁安全的前提下,为充分发挥在用桥梁的承载潜力,对检算的作用效应大于抗力效应且超过幅度在20%以内的桥梁,应通过荷载试验进一步评定其承载能力。

4 桥梁缺损状况检查评定

4.1 桥梁缺损状况检查

4.1.1 对需要检测评定的桥跨，应按照现行规范有关定期检查的规定，对结构构件缺损状况逐一进行详细检查。

4.1.2 对检查中发现的缺损应进行现场标注，并做影像记录和病害状况说明。对桥梁结构构件的内部缺陷，宜采用仪器设备进行现场检测。

4.1.3 检查时，应采用图表和文字描述等方式详细记录缺损的位置、范围和严重程度，对其成因和发展趋势作出评判。

4.2 桥梁缺损状况评定

4.2.1 对需要检测评定的桥跨，应按照现行行业标准的有关规定，评定桥面系、上部和下部结构的技术状况等级。

4.2.2 桥面系、上部和下部结构技术状况等级1、2、3、4和5，对应的缺损状况评定标度值为1、2、3、4和5。

条文说明

桥梁缺损状况检查评定，主要依据《公路桥涵养护规范》（JTG H11）和《公路桥梁技术状况评定标准》（JTG/T H21），针对所选择的承载能力检测评定桥跨实施。重点检查记录结构或构件缺损的类别、范围、分布特征和严重程度，并推断其发展变化趋势及其可能造成的不利影响，进而评定其技术状况等级并最终确定缺损状况评定标度值。

5 桥梁材质状况与状态参数检测评定

5.1 桥梁几何形态参数检测评定

5.1.1 梁桥应测定桥跨结构纵向线形和墩(台)顶的竖向和水平变位;拱桥应测定拱轴线、桥面结构纵向线形和墩(台)顶的竖向和水平变位;索塔应测定塔顶水平变位、桥面结构纵向线形和主缆线形。

5.1.2 桥跨结构纵向线形,宜沿桥纵向分断面布设测点,分桥轴线和车行道上、下游边缘线3条线,按二等工程水准测量要求进行闭合水准测量。测点应布置在桥跨或桥面结构的跨径等分点截面上。对中小跨径桥梁,单跨测量截面不宜少于5个;对大跨径桥梁,单跨测量截面不宜少于9个。

5.1.3 墩(台)顶的水平变位或塔顶水平变位,可采用悬挂垂球方法、极坐标法或其他可靠方法进行测量。

5.1.4 拱轴线和主缆线形,宜按桥跨的8等分点分别在拱背和拱腹、主缆顶面布设测点,采用极坐标法进行平面坐标和三角高程测量。

5.1.5 桥梁结构几何形态参数的实测数据,可用于确定桥梁结构持久荷载状态的变化,也可推求判定结构基础变位情况。对超静定结构,可依据实测的结构几何参数,采用模拟计算分析方法,对桥梁结构在持久荷载下的内力和变位状况作出评价。

条文说明

　　桥梁几何形态的变化在一定程度上能反映结构内力的变化情况,如桥跨结构的下挠、墩台沉降等。对于超静定结构而言,结构几何形态的变化造成结构的次内力对结构的影响往往不可忽略,通过结构几何形态的观测,可反演出结构的内力变化情况,并为分析结构形态变化的原因提供可靠依据。

5.2 桥梁恒载变异状况调查评估

5.2.1 桥梁恒载变异状况调查宜包括以下几个方面内容:

1 桥梁总体尺寸的测量，主要包括桥梁长度、桥宽、净空、跨径等；
2 桥梁构件尺寸的测量，主要包括构件的长度与截面尺寸等；
3 桥面铺装厚度及拱上填料重度测定；
4 其他附加荷载调查。

条文说明

引起桥梁结构恒载变异的主要原因包括：施工造成的结构或构件尺寸差异，如结构或构件长度变异、构件断面尺寸变异、铺装层厚度变异和材料重度差异等；运营期布设附加构造物导致的附加重量，如过桥管线等。这些恒载变异对结构承载能力的影响需在结构检算分析过程中加以考虑。另外，尚需考虑桥梁计算跨径变异对内力计算结果的影响。

5.2.2 桥梁长度、跨径可在桥面上按桥跨结构中心线和车行道上、下游边缘线3条线进行测量。桥梁宽度可沿桥纵向分断面采用钢尺进行量测，量测断面每跨不宜少于3个。

5.2.3 构件长度与截面尺寸可采用钢尺进行测量，对桥跨结构，跨径小于40m的桥梁量测断面单跨不得少于5个，跨径大于或等于40m的桥梁量测断面单跨不得少于9个。对桥梁墩台、主塔等主要承重构件，量测断面不得少于3个。截面突变处应布设测量断面。

5.2.4 桥面铺装层厚度可采用分断面布点钻芯量测，也可采用雷达结合钻芯修正的方法测定。采用分断面布点钻芯测量时，量测断面宜布置在跨径四等分点位置，每断面宜布设3个钻孔测点，分设在车行道桥跨结构中心线和上、下游边缘处。

5.3 桥梁材质强度检测评定

5.3.1 对桥梁主要构件，应采用无损、半破损或钻、截取试样等方法检测其材质强度。

条文说明

桥梁主要构件和次要构件的划分按照《公路桥梁技术状况评定标准》(JTG/T H21)的有关规定确定。

在用桥梁材质强度检测主要包括混凝土和钢材两类材料的材质强度检测，为减少对结构构件的损坏，应尽量采用无损检测方法进行。确有必要时方可考虑对混凝土采用半破损检测方法，对钢材采用截取试样方法。

5.3.2 对桥梁混凝土强度，应在主要构件或主要受力部位布置测区，采用回弹法、超声回弹综合法、取芯法等进行检测。

5.3.3 钢材强度可依据设计、施工有关资料确定。无资料时,宜通过调查桥梁修建年代和材料来源、查看结构外观等进行分析判定。确有必要时,可在结构有代表性的构件上截取试件通过试验确定。

5.3.4 在桥梁上钻、截取试件时,应选择在主要承重构件的次要部位或次要承重构件上,并应采取措施保证结构安全;钻、截取试件后,应及时进行修复或加固处理。

条文说明

取芯法检测混凝土强度时,应选择在主要构件的非主要受力部位(如 T 梁的横隔板)或主要受力部位的非应力控制区(如预应力连续箱梁的横隔板、翼板等)布置取芯测区,并应尽量避开受力钢筋且必须避开预应力钢筋(束)。为进行强度试验截取钢筋(或钢材)时,应选择在次要构件上,且应避开受力主筋(或主要受力部位)。

5.3.5 应依据混凝土桥梁结构或构件实测强度推定值或测区平均换算强度值,按式(5.3.5-1)、式(5.3.5-2)计算其推定强度匀质系数 K_{bt} 或平均强度匀质系数 K_{bm},按表5.3.5的规定确定混凝土强度评定标度。

1 推定强度匀质系数:

$$K_{bt} = \frac{R_{it}}{R} \tag{5.3.5-1}$$

式中:R_{it}——混凝土实测强度推定值;
  R——混凝土设计强度等级。

2 平均强度匀质系数:

$$K_{bm} = \frac{R_{im}}{R} \tag{5.3.5-2}$$

式中:R_{im}——混凝土测区平均换算强度值。

表5.3.5 桥梁混凝土强度评定标准

K_{bt}	K_{bm}	强度状况	评定标度
≥0.95	≥1.00	良好	1
(0.95,0.90]	(1.00,0.95]	较好	2
(0.90,0.80]	(0.95,0.90]	较差	3
(0.80,0.70]	(0.90,0.85]	差	4
<0.70	<0.85	危险	5

5.4 混凝土桥梁钢筋锈蚀电位检测评定

5.4.1 对混凝土桥梁主要构件或主要受力部位,应布设测区检测钢筋锈蚀电位,每一测区的测点数不宜少于20个。

5.4.2 混凝土中钢筋锈蚀电位检测宜采用半电池电位法,参考电极可采用铜/硫酸铜半电池电极。

5.4.3 应根据表5.4.3评定混凝土桥梁钢筋发生锈蚀的概率或锈蚀活动性。并应按照测区锈蚀电位水平最低值,确定钢筋锈蚀电位评定标度。

表5.4.3 混凝土桥梁钢筋锈蚀电位评定标准

电位水平(mV)	钢筋状况	评定标度
≥ -200	无锈蚀活动性或锈蚀活动性不确定	1
(-200, -300]	有锈蚀活动性,但锈蚀状态不确定,可能坑蚀	2
(-300, -400]	有锈蚀活动性,发生锈蚀概率大于90%	3
(-400, -500]	有锈蚀活动性,严重锈蚀可能性极大	4
< -500	构件存在锈蚀开裂区域	5

注:量测时,混凝土桥梁结构或构件应为自然状态。

条文说明

混凝土中钢筋锈蚀不仅影响结构耐久性,而且影响结构的安全性。钢筋锈蚀电位直观反映了混凝土中钢筋锈蚀的活动性。通过测试钢筋/混凝土与参考电极之间的电位差,可判断钢筋发生锈蚀的概率。通常,电位差越大混凝土中钢筋发生锈蚀的可能性越大。

5.5 混凝土桥梁氯离子含量检测评定

5.5.1 对钢筋锈蚀电位评定标度值为3、4、5的主要构件或主要受力部位,应布置测区测定混凝土中氯离子含量及其分布,每一被测构件测区数量不宜少于3个。

5.5.2 混凝土中的氯离子含量,可采用在结构构件上钻取不同深度的混凝土粉末样品的方法通过化学分析进行测定。

5.5.3 应根据混凝土中钢筋处氯离子含量,按表5.5.3评判其诱发钢筋锈蚀的可能性。并应按照测区最高氯离子含量值,确定混凝土氯离子含量评定标度。

表 5.5.3 混凝土氯离子含量评定标准

氯离子含量 （占水泥含量的百分比）	诱发钢筋锈蚀的可能性	评定标度
<0.15	很小	1
[0.15,0.40)	不确定	2
[0.40,0.70)	有可能诱发钢筋锈蚀	3
[0.70,1.00)	会诱发钢筋锈蚀	4
≥1.00	钢筋锈蚀活化	5

条文说明

混凝土中的氯离子可诱发并加速钢筋锈蚀，测量混凝土中氯离子含量可间接评判钢筋锈蚀活化的可能性。混凝土中氯离子含量越高，钢筋发生锈蚀的可能性越大。

5.6 混凝土桥梁电阻率检测评定

5.6.1 对钢筋锈蚀电位评定标度值为3、4、5的主要构件或主要受力部位，应进行混凝土电阻率测量。被测构件或部位的测区数量不宜少于30个。

5.6.2 混凝土电阻率宜采用四电极法检测。

5.6.3 应根据表5.6.3评定钢筋锈蚀速率，按照测区电阻率最小值确定混凝土电阻率评定标度。

表 5.6.3 混凝土电阻率评定标准

电阻率(Ω·cm)	可能的锈蚀速率	评定标度
≥20 000	很慢	1
[15 000,20 000)	慢	2
[10 000,15 000)	一般	3
[5 000,10 000)	快	4
<5 000	很快	5

注：量测时混凝土桥梁结构或构件应为自然状态。

条文说明

混凝土电阻率反映了混凝土的导电性能，可间接评判钢筋的可能锈蚀速率。通常混凝土电阻率越小，混凝土导电的能力越强，钢筋锈蚀发展速度越快。

5.7 混凝土桥梁碳化状况检测评定

5.7.1 对钢筋锈蚀电位评定标度值为 3、4、5 的主要构件或主要受力部位,应进行混凝土碳化状况检测。被测构件或部位的测区数量不应少于 3 个或混凝土强度测区数量的 30%。

5.7.2 混凝土碳化状况可采用在混凝土新鲜断面观察酸碱指示剂反应厚度的方法测定。

5.7.3 应根据测区混凝土碳化深度平均值与实测保护层厚度平均值的比值 K_c,按表 5.7.3 的规定确定混凝土碳化评定标度。

表 5.7.3 混凝土碳化评定标准

K_c	评定标度	K_c	评定标度
<0.5	1	[1.5,2.0)	4
[0.5,1.0)	2	≥2.0	5
[1.0,1.5)	3		

条文说明

配筋混凝土构件中的钢筋通常由于碱性混凝土环境的保护而处于钝化状态,混凝土碳化将造成钢筋失去碱性混凝土环境的保护,钢筋就易发生锈蚀。通过测试混凝土的碳化深度,并结合钢筋保护层厚度状况,可评判混凝土碳化对钢筋锈蚀的影响。

5.8 混凝土桥梁钢筋保护层厚度检测评定

5.8.1 混凝土桥梁钢筋保护层厚度检测应包括钢筋位置和混凝土保护层厚度测量,对缺失资料的桥梁还应包括钢筋直径估测。

5.8.2 混凝土桥梁钢筋保护层厚度检测部位应包括:
1 主要构件或主要受力部位;
2 钢筋锈蚀电位测试结果表明钢筋可能锈蚀活化的部位;
3 发生钢筋锈蚀胀裂的部位;
4 布置混凝土碳化测区的部位。

5.8.3 混凝土桥梁钢筋保护层厚度可采用电磁检测方法进行无损检测。对于缺失资料的桥梁,可在结构非主要受力部位采用局部破损的方法进行校验。

5.8.4 检测构件或部位的钢筋保护层厚度平均值 $\overline{D}_n$ 应按式(5.8.4)计算：

$$\overline{D}_n = \frac{\sum_{i=1}^{n} D_{ni}}{n} \quad (5.8.4)$$

式中：D_{ni}——钢筋保护层厚度实测值，精确至0.1mm；
n——检测构件或部位的测点数。

5.8.5 检测构件或部位的钢筋保护层厚度特征值 D_{ne} 应按式(5.8.5)计算。

$$D_{ne} = \overline{D}_n - K_p S_D \quad (5.8.5)$$

式中：S_D——钢筋保护层厚度实测值标准差，精确至0.1mm；

$$S_D = \sqrt{\frac{\sum_{i=1}^{n}(D_{ni})^2 - n(\overline{D}_n)^2}{n-1}}$$

K_p——判定系数，按表5.8.5取用。

表5.8.5　钢筋保护层厚度判定系数

n	10~15	16~24	≥25
K_p	1.695	1.645	1.595

5.8.6 应根据检测构件或部位的钢筋保护层厚度特征值 D_{ne} 与设计值 D_{nd} 的比值，按表5.8.6的规定确定钢筋保护层厚度评定标度。

表5.8.6　钢筋保护层厚度评定标准

D_{ne}/D_{nd}	对结构钢筋耐久性的影响	评定标度
>0.95	影响不显著	1
(0.85,0.95]	有轻度影响	2
(0.70,0.85]	有影响	3
(0.55,0.70]	有较大影响	4
≤0.55	钢筋易失去碱性保护，发生锈蚀	5

条文说明

混凝土对钢筋的保护作用包括两个方面：一是混凝土的高碱性使钢筋表面形成钝化膜；二是保护层对外界腐蚀介质、氧气及水分等渗入的阻止作用。后一种作用主要取决于混凝土的密实度及保护层厚度。因此，混凝土保护层厚度及其分布均匀性是影响结构钢筋耐久性的一个重要因素。

5.9　桥梁结构自振频率检测评定

5.9.1 桥梁自振频率检测，测点应布置在桥梁上、下部结构振型的峰、谷点，进行多点多方向的测量。

5.9.2 宜根据实测自振频率f_{mi}与理论计算频率f_{di}的比值,按表5.9.2的规定确定自振频率评定标度。

表5.9.2 桥梁自振频率评定标准

上部结构	下部结构	评定标度
f_{mi}/f_{di}	f_{mi}/f_{di}	
≥1.1	≥1.2	1
[1.00,1.10)	[1.00,1.20)	2
[0.90,1.00)	[0.95,1.00)	3
[0.75,0.90)	[0.80,0.95)	4
<0.75	<0.80	5

条文说明

桥梁自振频率变化不仅能够反映结构损伤情况,而且还能反映结构整体性能和受力体系的改变。通过测试桥梁自振频率的变化,可以分析桥梁结构性能,评价桥梁工作状况。

5.10 拉吊索索力检测评定

5.10.1 拉吊索索力测量可采用振动法,也可利用锚下预先安装的测力传感器直接测量。

5.10.2 索力偏差率K_t可按式(5.10.2)计算。

$$K_t = \frac{T - T_d}{T_d} \times 100\% \qquad (5.10.2)$$

式中:T——实测索力值;
T_d——设计索力值。

5.10.3 索力偏差率超过±10%时应分析原因,检定其安全系数是否满足相关规范要求,并应在结构检算中加以考虑。

条文说明

拉吊索索力直接反映索结构桥梁持久状况下的内力状态,是评价桥梁承载能力的重要指标。在用桥梁拉吊索索力测量通常采用振动法,现场检测时应事先解除索的阻尼装置并通过现场试验确定换算索长,并应依据不少于前五阶特征频率计算索力的平均值。

5.11 桥梁基础与地基检测评定

5.11.1 桥梁基础变位检测评定应包括以下三个方面:
1 基础的竖向沉降、水平变位和转角;
2 相邻基础的沉降差;
3 基础的不均匀沉陷、滑移、倾斜和冻拔等。

5.11.2 对设有永久性观测点的桥梁基础,可通过测量永久性观测点平面坐标与高程的变化分析其变位。对无永久性观测点的桥梁基础,可采用几何测量、垂线测量、光学测距等间接测量的方法,也可通过测量桥跨结构几何形态参数的变化推定其变位。

5.11.3 对桥梁基础变位应从下列两个方面进行评定:
1 基础变位是否趋于稳定。若基础变位尚未稳定,应设立永久性观测点,定期进行控制检测。
2 基础变位是否超出设计期望值。若超出设计期望值,除应检算评定基础变位对上部结构的不利影响外,还应对地基进行探查,检算评定其承载能力。

5.11.4 对桥梁地基的检验应符合下列规定:
1 根据桥梁结构的重要性、墩台与基础变位情况以及原位岩土工程勘察资料情况,补充勘探孔或原位测试孔,查明土层分布及土的物理力学性质。孔位应靠近基础。
2 对因加固维修需要增加结构自重的桥梁,尚宜在基础下取原状土进行室内土的物理力学性质试验。

5.11.5 简支桥梁的墩台与基础沉降和位移,超过以下容许限值,且通过观察确认其仍在继续发展时,应采取相应措施进行加固处理:
1 墩台均匀总沉降(不包括施工中的沉陷):$2.0\sqrt{L}$(cm);
2 相邻墩台均匀总沉降差(不包括施工中的沉陷):$1.0\sqrt{L}$(cm);
3 墩台顶面水平位移值:$0.5\sqrt{L}$(cm)。
其中:L 为相邻墩台间最小跨径(m),小于25m时以25m计。

6 桥梁结构检算要点

6.1 一般规定

6.1.1 在用桥梁结构检算宜遵循桥梁设计规范。在规范无明确规定的情况下,在用桥梁结构检算也可采用为科研所证实的其他可靠方法。

条文说明

桥梁结构检算原则上按照桥梁设计规范进行。对设计规范未涵盖的特殊结构桥梁和由于结构损伤造成设计规范规定的计算方法难以适用的桥梁,可采用通过技术鉴定和经工程实际应用验证的可靠分析方法。

6.1.2 桥梁结构检算宜依据竣工资料或设计资料,并应与桥梁实际情况进行核对修正。对缺失资料的桥梁,可根据桥梁检测结果,参考同年代类似桥梁的设计资料或标准定型图进行检算。

条文说明

结构检算时,应根据桥梁调查和检测情况确定检算所取用的技术参数与桥梁实际的符合性。必要时,应根据结构的预应力状况、恒载分布状况、几何线形、结构尺寸和开裂状况等方面的检测评定结果,对模型的边界条件、结构初始状态等进行调整。

6.1.3 桥梁结构检算应针对结构主要控制截面、薄弱部位和出现严重缺损部位。

6.1.4 对受力复杂的构件或部位,应进行空间结构检算。

6.2 检算荷载修正

6.2.1 结构重力、附加重力宜根据实际调查情况进行修正。

6.2.2 当桥梁需要临时通过特殊重型车辆荷载时,应按实际车辆荷载进行检算。

6.2.3 对预加应力作用,应根据预应力锚固、压浆、漏张、断丝或滑丝等的检测情况,以及桥梁结构表面开裂和几何参数变化情况,结合结构拟合计算分析综合推定实际有效预应力。

条文说明

预应力损失会导致桥跨结构下挠和混凝土开裂,对桥梁承载能力有很大影响。桥梁检算分析时,应根据预应力体系检测结果以及结构开裂和变形情况,考虑混凝土收缩徐变等的影响,通过反演计算分析评估结构有效预应力状况。

6.2.4 对基础变位作用,应根据桥梁墩台与基础变位以及几何形态参数的检测结果,综合确定基础变位最终值,计算基础变位产生的结构附加内力。

6.2.5 温度作用宜按《公路桥涵设计通用规范》(JTG D60—2004)规定取用。对大跨预应力混凝土箱形结构或复杂受力结构,也可采用结构温度场实测结果进行检算。

条文说明

对大跨预应力混凝土箱形结构或复杂受力结构,温度作用将产生较大的结构附加内力。我国地域辽阔,结构温度作用地区差异较大,对设有结构温度场长期观测点且观测数据足以建立温度作用模型的桥梁,可按实际情况进行检算。

6.3 钢结构检算要点

6.3.1 钢板梁结构应检算以下主要内容:
1 弯矩:跨中点、腹板接头处、盖板叠接处(叠接盖板第一行铆钉或螺栓截面处)、翼板接头处以及连续梁支点;
2 剪力:支点中性轴及支点上下翼板铆距、栓距或焊缝强度;
3 稳定性:受压翼板、支点加劲立柱及腹板;
4 桥面系梁:除按上述各项检算外,尚应进行纵梁与横梁、横梁与主梁的连接检算,以及纵梁与主梁间的横梁区段在最弱截面处的剪应力检算。

6.3.2 钢桁梁结构应检算以下主要内容:
1 杆件截面的强度与稳定性;
2 连接及接头的强度;

3 承受反复应力杆件的疲劳强度；
4 联结系的强度与稳定性。

6.3.3 在进行钢桁梁结构检算时,应考虑如下偏心连接及杆件损伤的影响：

1 在节点处如杆件重心线不交于一点而产生偏心,当偏心量不大于杆件高度的5%时,应检算因偏心而产生的附加应力,此时容许应力可提高15%。

2 受压杆件的初始弯曲矢度超过1/500时,应计算弯曲影响。

3 在计算杆件的有效面积时,应考虑杆件的穿孔、缺口、裂缝及锈蚀对截面的削弱,并应计入偏心影响。

4 由两个或两个以上分肢组成的杆件,其中一肢弯曲矢度大于1/2毛截面的回转半径时,杆件的有效面积只计不弯曲的分肢面积。

5 杆件的边缘或翼板角钢伸出肢弯曲或压凹,其弯曲矢度超过杆件受伤部分的回转半径时,在计算中应予考虑,此时有效面积只计不弯曲部分。

6.3.4 钢箱梁应检算以下主要内容：

1 正交异性桥面板分别检算整体结构体系和桥面结构体系的强度、稳定性和疲劳强度；
2 翼缘板横向、纵向刚度；
3 腹板强度和稳定性；
4 横隔板强度和稳定性；
5 横向联系横向抗弯、纵向扭转刚度。

6.3.5 钢管结构应检算以下主要内容：

1 钢管杆件强度与稳定性；
2 结构焊缝强度；
3 节点强度及变形。

6.4 混凝土梁桥检算要点

6.4.1 混凝土梁桥应检算板(梁)跨中正弯矩、支点附近最不利剪力、跨径1/4截面附近最不利弯剪组合效应、连续梁墩顶负弯矩和桥面板局部强度。

6.4.2 变截面连续梁桥和T形刚构桥,除应符合6.4.1的规定外,还应检算梁高较小的腹板厚度变化区截面弯剪组合效应和牛腿处的剪力效应。

6.4.3 对少设或不设横隔板的宽箱薄壁梁,应检算畸变应力和横向弯曲应力。

6.4.4 对多梁结构,应根据桥梁横向联系实际情况计算荷载横向分布。

6.4.5 混凝土桥面铺装与梁体结合较好,且缺损状况评定标度小于3时,在检算中可考虑混凝土桥面铺装扣除表面2cm磨耗层后参与梁体共同受力。

6.5 拱桥检算要点

6.5.1 拱桥应检算主拱圈最大轴力和弯矩、主拱的稳定性、立柱抗剪和桥面板局部强度。

6.5.2 检算时应依据检测结果考虑拱轴线变化、基础变位、拱圈和立柱系梁开裂等结构状态变化的不利影响。

6.5.3 当缺乏技术资料时,混凝土收缩产生的内力计算可等效为温度额外降低引起拱圈内力,并按下列规定取值:
1 整体浇筑的混凝土拱,收缩影响相当于降温20~30℃。
2 整体浇筑的钢筋混凝土拱,收缩影响相当于降温15~20℃。
3 分段浇筑的混凝土拱和钢筋混凝土拱,收缩影响相当于降温10~15℃。

6.6 墩台与基础检算要点

6.6.1 墩台应检算截面强度和总体稳定性,对有环形裂缝的截面,还应检算抗倾覆和抗滑动稳定性。

6.6.2 若墩台发生倾斜,检算墩(台)身截面和基底应力、偏心与抗倾覆稳定性时,尚应考虑斜度影响。

6.6.3 冻土地基中墩台和基础,应检算抗冻拔稳定性和薄弱断面的抗拉强度。

6.6.4 对冲刷严重的河段,检算时应考虑冲刷对墩台和基础的影响。

6.6.5 摩擦桩群桩基础应按整体基础检算桩端平面处土层的承载力。当桩端平面以下有软弱土层时,尚应检算该土层的承载力。

7 桥梁承载能力评定

7.1 一般规定

7.1.1 对在用桥梁,应从结构或构件的强度、刚度、抗裂性和稳定性四个方面进行承载能力检测评定。

条文说明

在用桥梁承载能力评定包括持久状况下承载能力极限状态和正常使用极限状态。承载能力极限状态针对的是结构或构件的截面强度和稳定性,正常使用极限状态主要针对结构或构件的刚度和抗裂性。

7.1.2 圬工结构桥梁在计算桥梁结构承载能力极限状态的抗力效应时,应根据桥梁试验检测结果,采用引入检算系数 Z_1 或 Z_2、截面折减系数 ξ_c 的方法进行修正计算。

7.1.3 配筋混凝土桥梁在计算桥梁结构承载能力极限状态的抗力效应时,应根据桥梁试验检测结果,采用引入检算系数 Z_1 或 Z_2、承载能力恶化系数 ξ_e、截面折减系数 ξ_s 和 ξ_c 的方法进行修正计算。

7.1.4 钢结构桥梁在计算桥梁结构承载能力极限状态的抗力效应时,应根据桥梁试验检测结果,采用引入检算系数 Z_1 或 Z_2 的方法进行修正计算。

条文说明

7.1.2~7.1.4 本规程以基于概率理论的极限状态设计方法为基础,采用引入分项检算系数修正极限状态设计表达式的方法,对在用桥梁承载能力进行检测评定。分项检算系数主要包括:反映桥梁总体技术状况的检算系数 Z_1 或 Z_2;考虑结构有效截面折减的截面折减系数 ξ_s 和 ξ_c;考虑结构耐久性影响因素的承载能力恶化系数 ξ_e;反映实际通行汽车荷载变异的活载影响系数 ξ_q。主要依据圬工结构桥梁、配筋混凝土桥梁和钢结构桥梁的材料组成特点,引入不同的分项检算系数修正极限状态设计表达式。

7.1.5 荷载效应 S 应按本规程第 6 章有关规定计算。对交通繁忙和重载车辆较多的桥梁，汽车荷载效应可根据实际运营荷载状况，通过活载影响修正系数 ξ_q 进行修正计算。

7.1.6 当桥梁结构或构件的承载能力检算系数评定标度 $D \geqslant 3$ 时，应进行正常使用极限状态评定计算。

条文说明

对在用桥梁，当结构或构件的承载能力检算系数评定标度为 1 或 2 时，结构或构件的总体技术状况较好，可不进行正常使用极限状态评定计算；当结构或构件的承载能力检算系数评定标度为 3、4 或 5 时，应采用引入检算系数 Z_1 或 Z_2 的方式对限制应力、结构变形和裂缝宽度等，进行正常使用极限状态评定计算。

7.2 圬工桥梁承载能力评定

7.2.1 圬工桥梁承载能力极限状态，应根据桥梁检测结果按式(7.2.1)进行计算评定。

$$\gamma_0 S \leqslant R(f_d, \xi_c a_d) Z_1 \tag{7.2.1}$$

式中：γ_0——结构的重要性系数；
S——荷载效应函数；
$R(\cdot)$——抗力效应函数；
f_d——材料强度设计值；
a_d——结构的几何尺寸；
Z_1——承载能力检算系数；
ξ_c——截面折减系数。

7.2.2 抗力效应值应按现行设计规范进行计算，Z_1、ξ_c 应按本规程有关规定取值。

7.2.3 圬工桥梁正常使用极限状态，宜按现行公路桥涵设计和养护规范进行计算评定。

条文说明

圬工桥梁承载能力极限状态评定，主要考虑采取引入桥梁检算系数、截面折减系数和活载修正系数分别对极限状态方程中结构抗力效应和荷载效应进行修正，并通过比较判定结构或构件的承载能力状况。

7.3 配筋混凝土桥梁承载能力评定

7.3.1 配筋混凝土桥梁承载能力极限状态,应根据桥梁检测结果按式(7.3.1)进行计算评定。

$$\gamma_0 S \leq R(f_d, \xi_c a_{dc}, \xi_s a_{ds}) Z_1 (1 - \xi_e) \tag{7.3.1}$$

式中:γ_0——结构的重要性系数;
  S——荷载效应函数;
  $R(\cdot)$——抗力效应函数;
  f_d——材料强度设计值;
  a_{dc}——构件混凝土几何参数值;
  a_{ds}——构件钢筋几何参数值;
  Z_1——承载能力检算系数;
  ξ_e——承载能力恶化系数;
  ξ_c——配筋混凝土结构的截面折减系数;
  ξ_s——钢筋的截面折减系数。

条文说明

配筋混凝土桥梁承载能力极限状态评定,采取引入桥梁检算系数、承载能力恶化系数、截面折减系数和活载修正系数分别对极限状态方程中结构抗力效应和荷载效应进行修正,并通过比较判定结构或构件的承载能力状况。

7.3.2 抗力效应值应按现行设计规范进行计算,Z_1、ξ_e、ξ_c、ξ_s应按本规程有关规定取值。

7.3.3 配筋混凝土桥梁正常使用极限状态,宜按现行公路桥涵设计和养护规范及检测结果分以下三方面进行计算评定:

1 限制应力:

$$\sigma_d < Z_1 \sigma_L \tag{7.3.3-1}$$

式中:σ_d——计入活载影响修正系数的截面应力计算值;
  σ_L——应力限值;
  Z_1——承载能力检算系数。

2 荷载作用下的变形:

$$f_{d1} < Z_1 f_L \tag{7.3.3-2}$$

式中：f_{d1}——计入活载影响修正系数的荷载变形计算值；
   f_L——变形限值；
   Z_1——承载能力检算系数。

3　各类荷载组合作用下裂缝宽度满足：

$$\delta_d < Z_1 \delta_L \quad (7.3.3\text{-}3)$$

式中：δ_d——计入活载影响修正系数的短期荷载变形计算值；
   δ_L——变位限值；
   Z_1——承载能力检算系数。

条文说明

对在用桥梁，采取引入检算系数修正限制应力、变形和裂缝限值的方法，进行桥梁正常使用极限状态计算评定。

7.3.4　桥梁结构或构件在持久状况下裂缝宽度应小于表7.3.4的限值。

表7.3.4　裂缝限值表

结构类别	裂缝部位	容许最大缝宽（mm）	其他要求
钢筋混凝土梁	主筋附近竖向裂缝	0.25	
	腹板斜向裂缝	0.30	
	组合梁结合面	0.50	不容许贯通结合面
	横隔板与梁体端部	0.30	
	支座垫石	0.50	
全预应力混凝土梁	梁体竖向裂缝	不容许	
	梁体横向裂缝	不容许	
	梁体纵向裂缝	0.20	
A类预应力混凝土梁	梁体竖向裂缝	不容许	
	梁体横向裂缝	不容许	
	梁体纵向裂缝	0.20	
B类预应力混凝土梁	梁体竖向裂缝	0.15	
	梁体横向裂缝	0.15	
	梁体纵向裂缝	0.20	
砖、石、混凝土拱	拱圈横向	0.30	裂缝高小于截面高一半
	拱圈纵向	0.50	裂缝长小于跨径的$\frac{1}{8}$
	拱波与拱肋结合处	0.20	

续上表

结构类别	裂缝部位		容许最大缝宽（mm）	其他要求
墩台	墩台帽		0.30	
	墩台身	经常受侵蚀性环境水影响 有筋	0.20	不容许贯通墩台身截面的一半
		经常受侵蚀性环境水影响 无筋	0.30	
		常年有水,但无侵蚀性影响 有筋	0.25	
		常年有水,但无侵蚀性影响 无筋	0.35	
		干沟或季节性有水河流	0.40	
		有冻结作用部分	0.20	

注：表中所列容许最大缝宽适用于一般条件。对于潮湿和空气中含有较多腐蚀性气体等条件下的缝宽限值应要求更严格一些。

7.4 钢结构承载能力评定

7.4.1 钢结构桥梁结构构件强度、总体稳定性和疲劳强度验算应按现行公路桥涵设计规范执行,其应力限值取值为 $Z_1[\sigma]$。

7.4.2 钢结构荷载作用下的变形应按式(7.4.2)计算评定。

$$f_{d1} < Z_1[f] \tag{7.4.2}$$

式中：f_{d1}——计入活载影响修正系数的荷载变形计算值；

$[f]$——容许变形值；

Z_1——承载能力检算系数。

条文说明

对钢结构,采取引入检算系数修正容许应力和容许变形的方式给出相应的限值取值,按设计规范给出的计算公式进行承载能力计算评定。

7.5 拉吊索承载能力评定

7.5.1 拉吊索强度应按式(7.5.1)计算评定。

$$\frac{T_j}{A} \leq Z_1[\sigma] \tag{7.5.1}$$

式中：T_j——计入活载影响修正系数的计算索力；

A——索的计算面积；

$[\sigma]$——容许应力限值；

Z_1——承载能力检算系数。

7.6 桥梁地基评定

7.6.1 经久压实的桥梁地基土,在墩台与基础无异常变位的情况下可适当提高其承载能力,最大提高系数不得超过1.25。

条文说明

参照《公路桥涵地基与基础设计规范》(JTG D63—2007)第3.3.6条的相关规定,对经久压实的桥梁地基土,在墩台与基础无异常变位的情况下可考虑适当提高承载能力。最大提高系数为1.25。

7.6.2 当桥头填土经久压实时,填土内摩擦角 φ 可根据土质情况适当放大5°~10°,但提高后的最大取值不得超过50°。

条文说明

对经久压实的桥台填土,在桥台无结构性病害的情况下,其内摩擦角随填土压实度的提高将有一定程度的增大,参照铁道行业的有关规范,填土内摩擦角 φ 可根据土质情况适当放大5°~10°,但提高后的最大取值不得超过50°。

7.7 分项检算系数确定

7.7.1 圬工与配筋混凝土桥梁,应综合考虑桥梁结构或构件表观缺损状况、材质强度和桥梁结构自振频率等的检测评定结果,按下列规定确定承载能力检算系数 Z_1:

1 按式(7.7.1)计算确定结构或构件承载能力检算系数评定标度 D。

$$D = \sum \alpha_j D_j \quad (7.7.1)$$

式中:α_j——某项检测指标的权重值,$\sum_{j=1}^{3} \alpha_j = 1$,按表7.7.1-1的规定取值;

D_j——结构或构件某项检测指标的评定标度,按本规程第4.2.2条、表5.3.5和表5.9.2的有关规定取值。

表7.7.1-1 承载能力检算系数检测指标权重值

检测指标名称	缺损状况	材质强度	自振频率
权重 α_j	0.4	0.3	0.3

2 根据结构或构件承载能力检算系数评定标度,宜按表7.7.1-2确定桥梁承载能力

检算系数 Z_1 值,特殊情况下可采用专家调查法确定。

表7.7.1-2　圬工及配筋混凝土桥梁的承载能力检算系数 Z_1 值

承载能力检算系数评定标度 D	受弯	轴心受压	轴心受拉	偏心受压	偏心受拉	受扭	局部承压
1	1.15	1.20	1.05	1.15	1.15	1.10	1.15
2	1.10	1.15	1.00	1.10	1.10	1.05	1.10
3	1.00	1.05	0.95	1.00	1.00	0.95	1.00
4	0.90	0.95	0.85	0.90	0.90	0.85	0.90
5	0.80	0.85	0.75	0.80	0.80	0.75	0.80

注:1. 小偏心受压可参照轴心受压取用承载能力检算系数 Z_1 值。
　　2. 检算系数 Z_1 值,可按承载能力检算系数评定标度 D 线性内插。

7.7.2　钢结构桥梁承载能力检算系数 Z_1 宜按表7.7.2取值。

表7.7.2　钢结构桥梁承载能力检算系数 Z_1 值

缺损状况评定标度	性状描述	Z_1 值
1	焊缝完好,各节点铆钉、螺栓无松动;构件表面完好,无明显损伤,防护涂层略有老化、污垢	(0.95,1.05]
2	焊缝完好,少数节点有个别铆钉、螺栓松动变形;构件表面有少量锈迹,防护涂层油漆变色、起泡剥落,面积在10%以内	(0.90,0.95]
3	少数焊缝开裂,部分节点有铆钉、螺栓松动变形;构件表面有少量锈迹,防护涂层油漆明显老化变色并伴有大量起泡剥落,面积在10%~20%以内。个别次要构件有异常变形,行车稍感振动或摇晃	(0.85,0.90]
4	焊缝开裂,并造成截面削弱。联结部位铆钉、螺栓松动变形,10%~30%已损坏;构件表面锈迹严重,截面损失在3%~10%以内,防护涂层油漆明显老化变色并普遍起泡剥落,面积在50%以上。个别主要构件有异常变形,行车有明显振动或摇晃并伴有异常声音	(0.80,0.85]
5	焊缝开裂严重,造成截面削弱在10%以上。联结部位30%以上铆钉、螺栓已损坏;构件表面锈迹严重,截面损失在10%以上,材质特性明显退化;防护涂层油漆完全失效。主要构件有异常变形,行车振动或摇晃显著并伴有不正常移动	≤0.80

7.7.3　拉吊索承载能力检算系数 Z_1 宜按表7.7.3取值。

表7.7.3　拉吊索承载能力检算系数 Z_1 值

缺损状况评定标度	性状描述	Z_1 值
1	表面防护完好,锚头无积水,锚下混凝土无裂缝	(1.00,1.10]
2	表面防护基本完好,有细微裂缝,锚头无锈蚀,锚固区无裂缝	(0.95,1.00]
3	表面防护有少量裂缝,伴有少量锈迹,锚头有轻微锈蚀,锚固区有细小裂缝	(0.90,0.95]
4	表面防护普遍开裂,并有部分脱落,锚头锈蚀,锚固区有明显的受力裂缝	(0.85,0.90]
5	表面防护普遍开裂,并有大量脱落,钢索裸露,钢索锈蚀严重,锚头积水锈蚀,锚固区有明显的受力裂缝,裂缝宽度大于0.2mm	≤0.85

条文说明

7.7.1~7.7.3 1988年发布的《公路旧桥承载能力鉴定方法(试行)》,旧桥检算系数主要依据专家经验确定,存在检算系数评定标准难以把握和检测结果无法定量化应用等问题。本规程做了如下修订:

(1)对圬工与配筋混凝土桥梁,在确定桥梁综合技术状况时,综合考虑了桥梁缺损状况、混凝土强度和结构自振频率参数三项反映结构总体状况的主要指标,通过专家调查的方式确定了其影响权重分配,并按结构或构件受力类型给出了明确量化的桥梁检算系数Z_1的取值范围。

(2)对钢结构和拉吊索,着重对结构或构件的缺损描述进行了细化与量化,并通过专家调查的方式确定了不同缺损状况对应的检算系数取值范围,增强了可操作性。

7.7.4 配筋混凝土桥梁承载能力恶化系数ξ_e应按下列规定确定:

1 依据检测结果,按表7.7.4-1的规定确定构件恶化状况评定标度E。

表7.7.4-1 配筋混凝土桥梁结构或构件恶化状况评定标度

序号	检测指标名称	权重α_j	综合评定方法
1	缺损状况	0.32	恶化状况评定标度E按下式计算: $E = \sum_{j=1}^{7} E_j \alpha_j$ 式中:E_j——结构或构件某项检测评定指标的评定标度,按本规程第4、5章的有关规定确定; α_j——某项检测评定指标的权重。 $\sum_{j=1}^{7} \alpha_j = 1$
2	钢筋锈蚀电位	0.11	
3	混凝土电阻率	0.05	
4	混凝土碳化状况	0.20	
5	钢筋保护层厚度	0.12	
6	氯离子含量	0.15	
7	混凝土强度	0.05	

注:对混凝土电阻率、混凝土碳化状况、氯离子含量三项检测指标,按本规程规定不需要进行检测评定时,其评定标度值应取1。

2 根据恶化状况评定标度E及桥梁所处的环境条件,按表7.7.4-2确定配筋混凝土桥梁的承载能力恶化系数ξ_e。

表7.7.4-2 配筋混凝土桥梁的承载能力恶化系数ξ_e值

恶化状况评定标度E	环境条件			
	干燥 不冻 无侵蚀性介质	干、湿交替 不冻 无侵蚀性介质	干、湿交替 冻 无侵蚀性介质	干、湿交替 冻 有侵蚀性介质
1	0.00	0.02	0.05	0.06
2	0.02	0.04	0.07	0.08
3	0.05	0.07	0.10	0.12
4	0.10	0.12	0.14	0.18
5	0.15	0.17	0.20	0.25

注:恶化系数ξ_e可按结构或构件恶化状况评定标度值线性内插。

条文说明

对配筋混凝土桥梁,为考虑评定期内桥梁结构质量状况进一步衰退恶化产生的不利影响,通过承载能力恶化系数 ξ_e 来反映这一不利影响可能造成的结构抗力效应的降低。引入承载能力恶化系数的目的是为了使结构质量状况进一步衰退至某一阶段时,承载能力评定结果仍能维持在一定的可靠度水平之上。承载能力恶化系数主要考虑了结构或构件的缺损状况、钢筋锈蚀电位、钢筋保护层厚度以及混凝土强度、电阻率、氯离子含量和碳化状况等影响因素,通过专家调查方式确定各因素的影响权重,并综合考虑环境的干湿、温度及侵蚀介质等条件加以确定。

7.7.5 圬工与配筋混凝土桥梁结构或构件的截面折减系数,应按以下规定确定:

1 依据材料风化、碳化、物理与化学损伤三项检测指标的评定标度,按式(7.7.5)计算确定结构或构件截面损伤的综合评定标度 R。

$$R = \sum_{j=1}^{N} R_j \alpha_j \qquad (7.7.5)$$

式中:R_j——某项检测指标的评定标度,按表7.7.5-1、表7.7.5-2 和表5.7.3 的规定确定;

α_j——某项检测指标的权重值,$\sum_{j=1}^{N} \alpha_j = 1$,按表7.7.5-3 的规定确定;

N——对砖、石结构,$N=2$;对混凝土及配筋混凝土结构,$N=3$。

2 依据截面损伤的综合评定标度,按表7.7.5-4 确定截面折减系数 ξ_c。

表7.7.5-1 圬工与配筋混凝土桥梁材料风化评定标准

评定标度	材料风化状况	性状描述
1	微风化	手搓构件表面,无砂粒滚动摩擦的感觉,手掌上粘有构件材料粉末,无砂粒。构件表面直观较光洁
2	弱风化	手搓构件表面,有砂粒滚动摩擦的感觉,手掌上附着物大多为构件材料粉末,砂粒较少。构件表面砂粒附着不明显或略显粗糙
3	中度风化	手搓构件表面,有较强的砂粒滚动摩擦的感觉或粗糙感,手掌上附着物大多为砂粒,粉末较少。构件表面明显可见砂粒附着或明显粗糙
4	较强风化	手搓构件表面,有强烈的砂粒滚动摩擦的感觉或粗糙感,手掌上附着物基本为砂粒,粉末很少。构件表面可见大量砂粒附着或有轻微剥落
5	严重风化	构件表面可见大量砂粒附着,且构件部分表层剥离或混凝土已露粗骨料

表 7.7.5-2　圬工与配筋混凝土桥梁物理与化学损伤评定标准

评定标度	性 状 描 述
1	构件表面较好,局部表面有轻微剥落
2	构件表面剥落面积在5%以内;或损伤最大深度与截面损伤发生部位构件最小尺寸之比小于0.02
3	构件表面剥落面积在5%~10%以内;或损伤最大深度与截面损伤发生部位构件最小尺寸之比小于0.04
4	构件表面剥落面积在10%~15%以内;或损伤最大深度与截面损伤发生部位构件最小尺寸之比小于0.10
5	构件表面剥落面积在15%~20%以内;或损伤最大深度和截面损伤发生部位构件最小尺寸之比大于0.10

表 7.7.5-3　材料风化、碳化及物理与化学损伤权重值

结构类别	检测指标名称	权重值 α_j
砖、石结构	材料风化	0.20
	物理与化学损伤	0.80
混凝土及配筋混凝土结构	材料风化	0.10
	混凝土碳化	0.35
	物理与化学损伤	0.55

注:对混凝土碳化,按本规程规定不需要进行检测评定时,其评定标度值应取1。

表 7.7.5-4　圬工与配筋混凝土桥梁截面折减系数 ξ_c 值

截面损伤综合评定标度 R	截面折减系数 ξ_c
$1 \leq R < 2$	(0.98, 1.00]
$2 \leq R < 3$	(0.93, 0.98]
$3 \leq R < 4$	(0.85, 0.93]
$4 \leq R < 5$	≤0.85

条文说明

对圬工及配筋混凝土桥梁,由于材料风化、碳化、物理与化学损伤(如混凝土剥落、疏松、掉棱、缺角、桩基与墩柱由于冲蚀引起的剥落缩径等)引起的结构或构件有效截面损失,以及由于钢筋腐蚀剥落造成的钢筋有效面积损失,对结构构件截面抗力效应会产生影响。在检算结构抗力效应时,可用截面折减系数计及这一影响。

7.7.6　配筋混凝土结构中,发生腐蚀的钢筋截面折减系数 ξ_s,宜按表7.7.6确定。

表 7.7.6　配筋混凝土钢筋截面折减系数 ξ_s 值

评定标度	性 状 描 述	截面折减系数 ξ_s
1	沿钢筋出现裂缝,宽度小于限值	(0.98,1.00]
2	沿钢筋出现裂缝,宽度大于限值,或钢筋锈蚀引起混凝土发生层离	(0.95,0.98]
3	钢筋锈蚀引起混凝土剥落,钢筋外露,表面有膨胀薄锈层或坑蚀	(0.90,0.95]
4	钢筋锈蚀引起混凝土剥落,钢筋外露、表面膨胀性锈层显著,钢筋断面损失在10%以内	(0.80,0.90]
5	钢筋锈蚀引起混凝土剥落,钢筋外露、出现锈蚀剥落,钢筋断面损失在10%以上	≤0.80

7.7.7　依据实际调查的典型代表交通量、大吨位车辆混入率和轴荷分布情况,可按式(7.7.7)确定活载影响修正系数 ξ_q。

$$\xi_q = \sqrt[3]{\xi_{q1}\xi_{q2}\xi_{q3}} \tag{7.7.7}$$

式中:ξ_{q1}——典型代表交通量影响修正系数,按表7.7.7-1确定;
　　　ξ_{q2}——大吨位车辆混入影响修正系数,按表7.7.7-2确定;
　　　ξ_{q3}——轴荷分布影响修正系数,按表7.7.7-3确定。

表 7.7.7-1　交通量影响修正系数 ξ_{q1}

Q_m/Q_d	ξ_{q1}	Q_m/Q_d	ξ_{q1}
$1 < \dfrac{Q_m}{Q_d} \leqslant 1.3$	[1.0,1.05)	$1.7 < \dfrac{Q_m}{Q_d} \leqslant 2.0$	[1.10,1.20)
$1.3 < \dfrac{Q_m}{Q_d} \leqslant 1.7$	[1.05,1.10)	$2.0 < \dfrac{Q_m}{Q_d}$	[1.20,1.35]

注:Q_m 为典型代表交通量;Q_d 为设计交通量。

表 7.7.7-2　大吨位车辆混入影响修正系数 ξ_{q2}

α	ξ_{q2}	α	ξ_{q2}
$\alpha < 0.3$	[1.00,1.05)	$0.5 \leqslant \alpha < 0.8$	[1.10,1.20)
$0.3 \leqslant \alpha < 0.5$	[1.05,1.10)	$0.8 \leqslant \alpha < 1.0$	[1.20,1.35]

注:α 为大吨位车辆混入率;ξ_{q2} 值可按 α 值线性内插。

表 7.7.7-3　轴荷分布影响修正系数 ξ_{q3}

β	ξ_{q3}	β	ξ_{q3}
$\beta < 5\%$	1.00	$15\% \leqslant \beta < 30\%$	1.30
$5\% \leqslant \beta < 15\%$	1.15	$\beta \geqslant 30\%$	1.40

注:β 为实际调查轴荷分布中轴重超过14t所占的百分比。

条文说明

活载影响系数用于考虑实际桥梁所承受的汽车荷载与标准汽车荷载之间的差异。主要根据桥梁运营荷载的调查统计情况,从典型代表交通量、大吨位车辆混入率和轴荷分布情况三个方面进行综合修正确定。

8 荷载试验评定

8.1 一般规定

8.1.1 按本规程有关规定检算的作用效应与抗力效应的比值符合3.2.4条的规定时，应进行荷载试验评定。

条文说明

实施荷载试验的主要目的是：当通过检算分析尚无法明确评定桥梁承载能力时，通过对桥梁施加静力荷载作用，测定桥梁结构在试验荷载作用下的结构响应，并据此确定检算系数Z_2重新进行承载能力检算评定或直接判定桥梁承载能力是否满足要求。

8.1.2 静力试验荷载可按控制内力、应力或变位等效原则确定。静力荷载试验效率可按式(8.1.2)计算，宜介于0.95~1.05之间。

$$\eta_q = \frac{S_s}{S' \cdot (1+\mu)} \tag{8.1.2}$$

式中：S_s——静力试验荷载作用下，某一加载试验项目对应的加载控制截面内力、应力或变位的最大计算效应值；

S'——检算荷载产生的同一加载控制截面内力、应力或变位的最不利效应计算值；

μ——按规范取用的冲击系数值；

η_q——静力试验荷载效率。

条文说明

静力荷载试验效率η_q是某一控制截面在试验荷载作用下的计算效应与该截面对应的设计控制效应的比值。对于在用桥梁，其使用荷载变化情况复杂且长期处于各种荷载作用之下，为使荷载试验能充分反映结构的受力特点，一般要求采用较高的荷载试验效率，其取值范围宜介于0.95~1.05之间。

8.1.3 静力荷载试验应针对检算存在疑问的构件或断面及结构主要控制截面进行。

条文说明

静力荷载试验结构主要控制截面的选择,可按表8.1.3提出的不同类型桥梁主要加载测试项目参考选择。在满足评定桥梁承载能力的前提下,加载试验项目应抓住重点,不宜过多。

表8.1.3 不同类型桥梁主要加载测试项目

序号	桥型		内力或位移控制截面
1	简支梁桥	主要	1. 跨中截面最大正弯矩和挠度; 2. 支点截面最大剪力
		附加	1. $L/4$ 截面正弯矩和挠度; 2. 墩台最大垂直力
2	连续梁桥、连续刚构	主要	1. 跨中最大正弯矩和挠度; 2. 内支点截面最大负弯矩; 3. $L/4$ 截面弯矩和挠度
		附加	1. 端支点截面的最大剪力; 2. $L/4$ 截面最大弯剪力; 3. 墩台最大垂直力; 4. 连续刚构固结墩墩身控制截面的最大弯矩
3	悬臂梁桥、T形刚构	主要	1. 锚固跨跨中最大正弯矩和挠度; 2. 支点最大负弯矩; 3. 挂梁跨中最大正弯矩和挠度
		附加	1. 支点最大剪力; 2. 挂梁支点截面或悬臂端截面最大剪力
4	拱桥	主要	1. 拱顶截面最大正弯矩和挠度、拱脚截面最大负弯矩; 2. 刚架拱上弦杆跨中正弯矩
		附加	1. 拱脚最大水平推力; 2. $L/4$ 截面最大正、负弯矩及其最大正、负挠度绝对值之和; 3. 刚架拱斜腿根部截面最大负弯矩
5	刚架桥(包括框架、斜腿刚构和刚架—拱式组合体系)	主要	1. 跨中截面最大正弯矩和挠度; 2. 结点截面的最大负弯矩
		附加	柱脚截面最大负弯矩、最大水平推力
6	钢桁桥	主要	1. 跨中、支点截面的主桁杆件最大内力; 2. 跨中截面的挠度
		附加	1. $L/4$ 截面的主桁杆件最大内力和挠度; 2. 桥面系结构构件控制截面的最大内力和变位; 3. 墩台最大垂直力

续上表

序号	桥型	内力或位移控制截面	
7	斜拉桥与悬索桥	主要	1. 主梁最大挠度； 2. 主梁控制截面最大内力； 3. 索塔塔顶水平变位； 4. 主缆最大拉力,斜拉索最大拉力
		附加	1. 主梁最大纵向飘移； 2. 主塔控制截面最大内力； 3. 吊索最大索力

8.1.4 静力试验荷载应分级加载。对结构变位或应变较大的测点,应实时绘制测点变位或应变与荷载的关系曲线,分析结构工作状态,保证结构安全。

条文说明

为了获取结构试验荷载与变位的相关曲线以及防止结构意外损伤,对主要控制截面试验荷载的施加应分级进行。加载级数应根据荷载量和加载最小荷载增量而定。试验荷载应按控制截面最大内力或位移分成4~5级施加。受条件所限时,至少也应分成3级施加。在前一荷载阶段内结构应变或变位相对稳定后,方可进入下一荷载阶段。

8.1.5 试验过程发生下列情况时,应立刻停止加载并查找原因,在确保结构及人员安全的情况下方可继续试验：

1 控制测点实测应力、变位(或挠度)已达到或超过计算的控制应力值时；
2 结构裂缝的长度或缝宽急剧增加,或新裂缝大量出现,或缝宽超过允许值的裂缝大量增多时；
3 拱桥沿跨长方向的实测挠度曲线分布规律与计算结果相差过大时；
4 发生其他影响桥梁承载能力或正常使用的损坏时。

条文说明

试验加载过程中,应有专门人员统一指挥加载的实施,及时掌握各方面情况,根据试验数据的实时处理分析以及有无试验现象等情况,安全有序实施加载计划。

8.2 结构校验系数及相对残余变形计算

8.2.1 主要测点静力荷载试验结构校验系数 ζ,应按式(8.2.1)计算：

$$\zeta = \frac{S_e}{S_s} \tag{8.2.1}$$

式中：S_e——试验荷载作用下主要测点的实测弹性变位或应变值；

S_s——试验荷载作用下主要测点的理论计算变位或应变值。

条文说明

静力荷载试验结构校验系数 ζ，是试验荷载作用下测点的实测弹性变位或应变值与相应的理论计算值的比值。ζ 值小于1时，代表桥梁的实际状况要好于理论状况。

8.2.2 主要测点相对残余变位或相对残余应变 S'_P，应按式(8.2.2)计算：

$$S'_P = \frac{S_P}{S_t} \times 100\% \tag{8.2.2}$$

式中：S_P——主要测点的实测残余变位或残余应变；

S_t——试验荷载作用下主要测点的实测总变位或总应变。

条文说明

相对残余变位或相对残余应变 S'_P，是测点实测残余变位或残余应变与对应的实测总变位或总应变的比值。S'_P 越小，说明结构越接近弹性工作状况。

8.3 试验结果评定

8.3.1 当出现下列情况之一时，应判定桥梁承载能力不满足要求：
1 主要测点静力荷载试验校验系数大于1。
2 主要测点相对残余变位或相对残余应变超过20%。
3 试验荷载作用下裂缝扩展宽度超过表7.3.4的限值，且卸载后裂缝闭合宽度小于扩展宽度的2/3。
4 在试验荷载作用下，桥梁基础发生不稳定沉降变位。

条文说明

按本规程规定，桥梁荷载试验的条件为：通过检算分析确定桥梁结构或构件的作用效应大于抗力效应且超过幅度在20%以内，表明通过检算分析，已预判结构承载能力存在不满足要求的可能性。在此条件下，主要测点静力荷载试验结构校验系数 ζ 大于1，表明桥梁实际工作状况要差于理论状况；主要测点发生较大的相对残余变位或相对残余应变，以及结构裂缝超限且闭合状况不良，表明结构在试验荷载作用下有较大的不可恢复变位或应变。这都表明结构实际状况与理想状况相比偏于不安全,可直接依据试验结果判定承载能力不能满足要求。另外,对在用桥梁而言,由于地基在长期荷载作用下已趋于稳定,如在试验荷载作用下,发生基础不稳定沉降变位,可直接判定其承载能力不满足要求。

8.3.2 不符合本规程第8.3.1条规定时,应取主要测点应变校验系数或变位校验系数较大值,按表8.3.2确定检算系数Z_2,代替Z_1按本规程的有关规定进行承载能力评定。

8.3.3 当按本规程第8.3.2条检算的荷载效应与抗力效应的比值小于1.05时,应判定桥梁承载能力满足要求,否则应判定桥梁承载能力不满足要求。

表8.3.2　经过荷载试验的承载能力检算系数 Z_2 值

ζ	Z_2	ζ	Z_2
0.4及以下	1.30	0.8	1.05
0.5	1.20	0.9	1.00
0.6	1.15	1.0	0.95
0.7	1.10		

注:对主要挠度测点和主要应力测点的校验系数,两者中取较大值;Z_2值可按ζ值线性内插。

条文说明

为了增强检算系数Z_2取值的可操作性,依据《公路旧桥承载能力鉴定方法(试行)》的有关规定,按照静力荷载试验结构校验系数ζ对检算系数Z_2取值作了线性内插处理。考虑到ζ介于0.8~1.0代表实测结果已接近理论计算结果,且同等情况下观测误差的影响较大,因此适当降低了这一范围的Z_2限值。

9 检测评定报告编制

9.0.1 经过检测评定的桥梁应撰写桥梁承载能力检测评定报告,报告应包括以下内容:
1 桥梁概况;
2 评定目的;
3 桥梁调查与检测情况;
4 桥梁结构检算情况;
5 典型病害成因分析;
6 荷载试验及资料整理分析(未做荷载试验的桥梁略去此项);
7 桥梁承载能力评定分析;
8 桥梁承载能力的评定结论及处置建议。

9.0.2 桥梁承载能力检测评定报告应附有必要的原始资料、图表、照片和桥梁承载能力检测评定表,并应存入桥梁技术档案。承载能力检测评定表内容应按表9.0.2填写。

条文说明

本规程采用的承载能力检测评定方法考虑了结构性能在一定时期内劣化的作用影响,应确保两次评定之间桥梁结构性能劣化影响不会导致结构承载能力不能满足桥梁安全运营要求。根据养护规范有关规定,定期检查的周期最长不应超过3年,桥梁承载能力检测评定的周期考虑以定期检查周期的2倍左右为宜,表9.0.2中的评定有效期限一般可取为5年。

表9.0.2 桥梁承载能力检测评定表

路线名称			桥位里程	
桥名		桥长		净宽	
跨径及孔数					
结构形式	上部结构		跨径及孔数		
	下部结构				
桥梁概况：					
评定原因：					
原设计荷载标准					
评定的承载能力	标准荷载				
	特殊荷载				
评定方法			评定有效期限		
附加条件：					
评定单位		（盖章）		评定负责人	
评定日期					

本规程用词说明

1 为便于在执行本规程条文时区别对待,对于要求严格程度不同的用词说明如下:
1)表示很严格,非这样做不可的:
   正面词采用"必须";
   反面词采用"严禁"。
2)表示严格,在正常情况下均应这样做的:
   正面词采用"应";
   反面词采用"不应"或"不得"。
3)表示允许稍有选择,在条件许可时首先应这样做的:
   正面词采用"宜";
   反面词采用"不宜"。
4)表示有选择,在一定条件下可以这样做的,采用"可"。

2 条文中指明应按其他有关标准执行的写法为:"应按……执行"或"应符合……规定(或要求)"。

公路工程现行标准、规范、规程、指南一览表

(2016年11月版)

序号	类别	编 号	书名(书号)	定价(元)
1	基础	JTG A02—2013	公路工程行业标准制修订管理导则(10544)	15.00
2		JTG A04—2013	公路工程标准编写导则(10538)	20.00
3		JTJ 002—87	公路工程名词术语(0346)	22.00
4		JTJ 003—86	公路自然区划标准(0348)	16.00
5		JTG B01—2014	★公路工程技术标准(活页夹版,11814)	98.00
6		JTG B01—2014	★公路工程技术标准(平装版,11829)	68.00
7		JTG B02—2013	公路工程抗震规范(11120)	45.00
8		JTG/T B02-01—2008	公路桥梁抗震设计细则(13318)	45.00
9		JTG B03—2006	公路建设项目环境影响评价规范(0927)	26.00
10		JTG B04—2010	公路环境保护设计规范(08473)	28.00
11		JTG B05—2015	★公路项目安全性评价规范(12806)	45.00
12		JTG B05-01—2013	公路护栏安全性能评价标准(10992)	30.00
13		JTG B06—2007	公路工程基本建设项目概算预算编制办法(06903)	26.00
14		JTG/T B06-01—2007	★公路工程概算定额(06901)	110.00
15		JTG/T B06-02—2007	★公路工程预算定额(06902)	138.00
16		JTG/T B06-03—2007	★公路工程机械台班费用定额(06900)	24.00
17		交通部定额站 2009 版	公路工程施工定额(07864)	78.00
18		JTG/T B07-01—2006	公路工程混凝土结构防腐蚀技术规范(0973)	16.00
19		交通部 2007 年第 30 号	国家高速公路网相关标志更换工作实施技术指南(1124)	58.00
20		交通部 2007 年第 35 号	收费公路联网收费技术要求(1126)	62.00
21		交通运输部 2015 年第 40 号	★收费公路联网收费多义性路径识别技术要求(12484)	40.00
22		JTG B10-01—2014	公路电子不停车收费联网运营和服务规范(11566)	30.00
23		交通运输部 2011 年	公路工程项目建设用地指标(09402)	36.00
24	勘测	JTG C10—2007	★公路勘测规范(06570)	28.00
25		JTG/T C10—2007	★公路勘测细则(06572)	42.00
26		JTG C20—2011	公路工程地质勘察规范(09507)	65.00
27		JTG/T C21-01—2005	公路工程地质遥感勘察规范(0839)	17.00
28		JTG/T C21-02—2014	公路工程卫星图像测绘技术规程(11540)	25.00
29		JTG/T C22—2009	公路工程物探规程(1311)	28.00
30		JTG C30—2015	★公路工程水文勘测设计规范(12063)	70.00
31	设计	公路	JTG D20—2006	★公路路线设计规范(0996)	38.00
32			JTG/T D21—2014	公路立体交叉设计细则(11761)	60.00
33			JTG D30—2015	★公路路基设计规范(12147)	98.00
34			JTG/T D31—2008	沙漠地区公路设计与施工指南(1206)	32.00
35			JTG/T D31-02—2013	★公路软土地基路堤设计与施工技术细则(10449)	40.00
36			JTG/T D31-03—2011	★采空区公路设计与施工技术细则(09181)	40.00
37			JTG/T D31-04—2012	多年冻土地区公路设计与施工技术细则(10260)	40.00
38			JTG/T D32—2012	★公路土工合成材料应用技术规范(09908)	42.00
39			JTG D40—2011	★公路水泥混凝土路面设计规范(09463)	40.00
40			JTG D50—2006	★公路沥青路面设计规范(06248)	36.00
41			JTG/T D33—2012	公路排水设计规范(10337)	40.00
42		桥隧	JTG D60—2015	★公路桥涵设计通用规范(12506)	40.00
43			JTG/T D60-01—2004	公路桥梁抗风设计规范(0814)	28.00
44			JTG D61—2005	公路圬工桥涵设计规范(13355)	30.00
45			JTG D62—2004	公路钢筋混凝土及预应力混凝土桥涵设计规范(05052)	48.00
46			JTG D63—2007	公路桥涵地基与基础设计规范(06892)	48.00
47			JTG D64—2015	★公路钢结构桥梁设计规范(12507)	80.00
48			JTG D64-01—2015	公路钢混组合桥梁设计与施工规范(12682)	45.00
49			JTG/T D65-01—2007	公路斜拉桥设计细则(1125)	28.00
50			JTG/T D65-04—2007	公路涵洞设计细则(06628)	26.00
51			JTG/T D65-05—2015	公路悬索桥设计规范(12674)	55.00
52			JTG/T D65-06—2015	公路钢管混凝土拱桥设计规范(12514)	40.00
53			JTG D70—2004	公路隧道设计规范(05180)	50.00
54			JTG/T D70—2010	★公路隧道设计细则(08478)	66.00
55			JTG D70/2—2014	公路隧道设计规范 第二册 交通工程与附属设施(11543)	50.00
56			JTG/T D70/2-01—2014	公路隧道照明设计细则(11541)	35.00
57			JTG/T D70/2-02—2014	公路隧道通风设计细则(11546)	70.00

续上表

序号	类别	编号	书名(书号)	定价(元)
58	交通工程	JTG D80—2006	高速公路交通工程及沿线设施设计通用规范(0998)	25.00
59		JTG D81—2006	★公路交通安全设施设计规范(0977)	25.00
60	设计	JTG/T D81—2006	★公路交通安全设施设计细则(0997)	35.00
61		JTG D82—2009	公路交通标志和标线设置规范(07947)	116.00
62	综合	交公路发[2007]358号	公路工程基本建设项目设计文件编制办法(06746)	26.00
63		交公路发[2007]358号	公路工程基本建设项目设计文件图表示例(06770)	600.00
64		交公路发[2015]69号	公路工程特殊结构桥梁项目设计文件编制办法(12455)	30.00
65	检测	JTG E20—2011	公路工程沥青及沥青混合料试验规程(09468)	106.00
66		JTG E30—2005	公路工程水泥及水泥混凝土试验规程(13319)	55.00
67		JTG E40—2007	★公路土工试验规程(06794)	79.00
68		JTG E41—2005	公路工程岩石试验规程(0828)	18.00
69		JTG E42—2005	公路工程集料试验规程(13353)	50.00
70		JTG E50—2006	★公路工程土工合成材料试验规程(0982)	28.00
71		JTG E51—2009	公路工程无机结合料稳定材料试验规程(08046)	48.00
72		JTG E60—2008	公路路基路面现场测试规程(07296)	38.00
73		JTG/T E61—2014	公路路面技术状况自动化检测规程(11830)	25.00
74	施工	JTG F10—2006	公路路基施工技术规范(06221)	40.00
75	公路	JTG/T F20—2015	★公路路面基层施工技术细则(12367)	45.00
76		JTG/T F30—2014	公路水泥混凝土路面施工技术细则(11244)	60.00
77		JTG/T F31—2014	公路水泥混凝土路面再生利用技术细则(11360)	30.00
78		JTG F40—2004	★公路沥青路面施工技术规范(05328)	38.00
79		JTG F41—2008	公路沥青路面再生技术规范(07105)	25.00
80	桥隧	JTG/T F50—2011	★公路桥涵施工技术规范(09224)	110.00
81		JTG/T F81-01—2004	公路工程基桩动测技术规程(0783)	20.00
82		JTG F60—2009	公路隧道施工技术规范(07992)	42.00
83		JTG/T F60—2009	公路隧道施工技术细则(07991)	58.00
84	交通	JTG F71—2006	★公路交通安全设施施工技术规范(0976)	20.00
85		JTG/T F72—2011	公路隧道交通工程与附属设施施工技术规范(09509)	35.00
86	质检安全	JTG F80/1—2004	公路工程质量检验评定标准 第一册 土建工程(05327)	46.00
87		JTG F80/2—2004	公路工程质量检验评定标准 第二册 机电工程(05325)	26.00
88		JTG G10—2016	公路工程施工监理规范(13275)	40.00
89		JTG F90—2015	★公路工程施工安全技术规范(12138)	68.00
90	养护管理	JTG H10—2009	公路养护技术规范(08071)	49.00
91		JTJ 073.1—2001	公路水泥混凝土路面养护技术规范(0520)	12.00
92		JTJ 073.2—2001	公路沥青路面养护技术规范(0551)	13.00
93		JTG H11—2004	公路涵养护规范(05025)	30.00
94		JTG H12—2015	公路隧道养护技术规范(12062)	60.00
95		JTG H20—2007	公路技术状况评定标准(13399)	25.00
96		JTG/T H21—2011	★公路桥梁技术状况评定标准(09324)	46.00
97		JTG H30—2015	公路养护安全作业规程(12234)	90.00
98		JTG H40—2002	公路养护工程预算编制导则(0641)	9.00
99	加固设计与施工	JTG/T J21—2011	公路桥梁承载能力检测评定规程(09480)	20.00
100		JTG/T J21-01—2015	公路桥梁荷载试验规程(12751)	40.00
101		JTG/T J22—2008	公路桥梁加固设计规范(07380)	52.00
102		JTG/T J23—2008	公路桥梁加固施工技术规范(07378)	30.00
103	改扩建	JTG/T L11—2014	高速公路改扩建设计细则(11998)	45.00
104		JTG/T L80—2014	高速公路改扩建交通工程及沿线设施设计细则(11999)	30.00
105	造价	JTG M20—2011	公路工程基本建设项目投资估算编制办法(09557)	30.00
106		JTG/T M21—2011	公路工程估算指标(09531)	110.00
1	技术指南	交公便字[2006]02号	公路工程水泥混凝土外加剂与掺合料应用技术指南(0925)	50.00
2		厅公路字[2006]418号	公路安全保障工程实施技术指南(1034)	40.00
3		交公便字[2009]145号	公路交通标志和标线设置手册(07990)	165.00

注:JTG——公路工程行业标准体系;JTG/T——公路工程行业推荐性标准体系;JTJ——仍在执行的公路工程原行业标准体系。

批发业务电话:010-59757973;零售业务电话:010-85285659(北京);网上书店电话:010-59757908;业务咨询电话:010-85285922。带"★"的表示有勘误,详见中国交通运输标准服务平台www.yuetong.cn/bzfw。